# LES
# VOIES ROMAINES

DANS

## LE DÉPARTEMENT DU CHER

PAR

## D. MATER

PRÉSIDENT DE LA COMMISSION DU MUSÉE DE BOURGES

CAEN

HENRI DELESQUES, IMPRIMEUR-ÉDITEUR

RUE FROIDE, 2 ET 4

1900

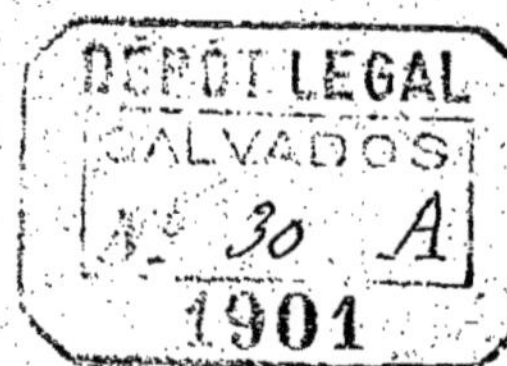

# LES
# VOIES ROMAINES

DANS

## LE DÉPARTEMENT DU CHER

PAR

## D. MATER

PRÉSIDENT DE LA COMMISSION DU MUSÉE DE BOURGES

CAEN

HENRI DELESQUES, IMPRIMEUR-ÉDITEUR

RUE FROIDE, 2 ET 4

—

1900

*Extrait du Compte-rendu du LXV<sup>e</sup> Congrès archéologique de France*

de France

Tenu en 1898, à Bourges.

# LES VOIES ROMAINES

## DANS LE DÉPARTEMENT DU CHER

En 1849, lorsque la *Société française d'Archéologie pour la conservation des monuments* tint à Bourges sa XVIe session, les notions que l'on possédait sur les voies romaines dans le Berry étaient vagues et incomplètes, le plus grand nombre d'entre elles étaient à peine soupçonnées ou même entièrement inconnues, et personne n'avait encore cherché à les étudier ni à déterminer exactement leur parcours. Le programme du Congrès contenait cependant deux questions sur cette partie de l'archéologie berruyère (1), mais il ne semble pas qu'il y ait été fait de réponse; même silence en 1868, lors des courtes séances que la Société française vint ouvrir à Bourges à cette époque (2).

(1) Congrès arch. de France, XVIe session à Bourges, p. 6, 19e et 20e questions.
(2) Ibid., XXXVe session.

Tout ce que l'on savait alors à cet égard se réduisait à ce que M. de Raynal en avait dit (1), ce qui, d'ailleurs se trouve presque intégralement reproduit dans le Bulletin de la Commission historique du Cher, paru en 1852 (2). Les voies dont on admettait l'existence étaient les suivantes :

La voie de Bourges à Saint-Satur ;

La voie de Bourges à Orléans, par Allogny et Neuvy-sur-Barangeon ;

La voie de Bourges à Lyon, par Sancoins et Autun ;

La voie de Bourges à Clermont, par Dun-le-Roy et Bourbon-l'Archambault ;

La voie de Dun-le-Roy à Allichamps, par le Pondy et Charenton ;

La voie de Bourges à Clermont, par Allichamps et Néris ;

La voie d'Allichamps à Châteaumeillant ;

La voie de Châteaumeillant à Argenton ;

La voie de Châteaumeillant à Epineuil ;

La voie de Bourges à Poitiers, par Saint-Ambroix et Argenton ;

La voie de Bourges à Tours par Lury, Chabris et Thésée ;

La voie de Bourges à Vierzon ;

Enfin on signalait l'existence, dans les communes d'Ineuil et de Chavannes, de divers tronçons de chaussée, sans pouvoir les rattacher à aucune route antique.

Pour toutes ces voies, d'ailleurs, rien de précis ni de positif n'était apporté soit sur leur tracé, soit sur leur

(1) *Hist. du Berry*, t. I, p. 94.
(2) Ibid., p. 16.

mode de construction ; à peine leur direction était-
elle jalonnée par l'indication de quelques localités,
souvent même citées à tort, comme on le verra dans
la suite de ce travail.

Depuis cette époque, l'attention s'est dirigée sur
cette partie de l'archéologie locale et de nombreux
travaux sont venus donner sur la voirie romaine, en
pays biturige, d'utiles renseignements. Parmi ces
études on peut citer : *Recherches archéologiques dans
les environs de Saint-Benoit-du-Sault*, par M. Élie de
Beaufort (1) ; *Voies romaines dans les environs du
Blanc et d'Argenton*, par M. de la Tremblais (2) ; —
*Le camp de Haute-Brune et la voie romaine de Bourges
à Orléans* (3), puis *Les voies romaines d'Avaricum* (4),
par M. Vallois ; — *Notice historique sur Châteaumeillant* (5) et *Notes archéologiques sur les environs
de Châteaumeillant* (6), par M. Chenon ; — Une *Note
sur les antiquités romaines d'Avaricum*, par Ferrand
de Saligny (7) ; — enfin, au Congrès archéologique
de Châteauroux, en 1873, une étude de M Antonin de
Beaufort, continuant les recherches archéologiques
de son père sur la région voisine de Saint-Benoit-du-
Sault (8) ; un *Rapport sur les voies romaines dans
les environs d'Argenton*, par M. Lenseigne (9), et *Les*

(1) Mém. Soc. Antiquaires de l'Ouest, 1851.
(2) Travaux, Soc. du Berry à Paris, 1863-64.
(3) Mém. Soc. Antiquaires du Centre, t. VI.
(4) Ibid., t. XIX.
(5) Ibid., t. VII.
(6) Ibid., t. XV.
(7) Ibid., t. III.
(8) Congrès arch. de France, XL⁰ session, p. 14.
(9) Ibid., p. 267.

*voies romaines situées dans l'arrondissement d'Is-soudun*, par M. Guillard (1).

Il faut ajouter les ingénieuses observations publiées dans les Mémoires de la Société des Antiquaires du Centre, par deux membres de cette Société, pour permettre de reconnaître le parcours des voies romaines. L'un, M. de Saint-Venant, a constaté que dans les terrains argileux ou siliceux, lorsque l'empierrement de la voie romaine était constitué par des matériaux de nature calcaire, se manifestait par une différence de végétation (2). L'autre, M. Vallois, a posé en principe : 1° que l'existence dans les terrains humides d'une chaussée en relief caractérise presque toujours une voie romaine; 2° que généralement les vieux chemins qui servent à délimiter les communes limitrophes ont une origine antique (3); 3° qu'enfin il arrive fréquemment que ces limites commencent au point même où se trouvaient les bornes des lieues gauloises de 2.415 mètres (4).

Est-ce à dire que tous ces travaux aient entièrement fait connaître le réseau des voies romaines construites chez les Bituriges, et que la question soit épuisée, enfin que tous les détails essentiels soient maintenant divulgués ? Il n'en est rien : des lacunes importantes subsistent encore même sur les voies les mieux étudiées, bien des points restent douteux et nombre de chemins paraissent vraisemblables, sans

(1) Ibid., p. 304.

(2) Mém. Soc. Antiq. Centre, t. XV : *Voies antiques manifestées par la nature de la végétation.*

(3) Ce fait est également constaté par Desjardins : *Géogr. de la Gaule*, t. IV, p. 234.

(4) *Les Voies romaines d'Avaricum.*

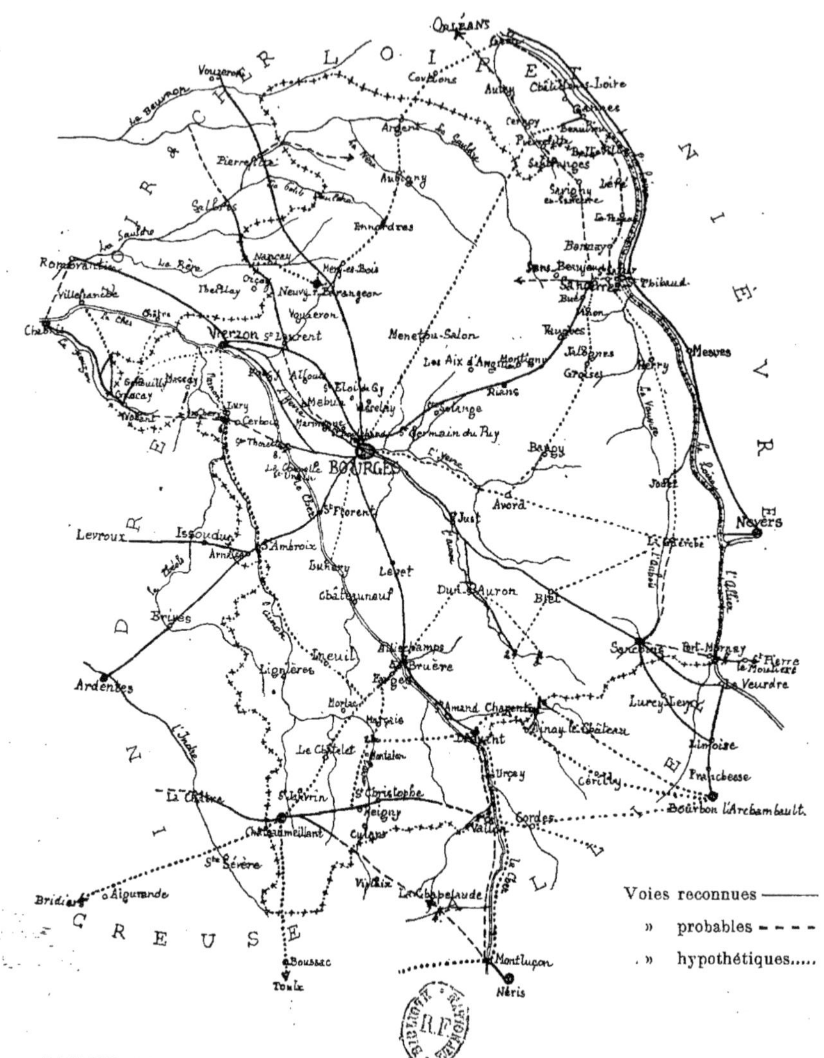



## CARTE DES VOIES ROMAINES DU DÉPARTEMENT DU CHER.

*Renvois pour quelques ponts:* 1. Pont de Graveux. — 2. Pont du Pondy. — 3. Pont de Chargy. — 4. Pont de la Chapelaude. — 5. Pont de Bruère. — 6. Pont de Charasse. — 7. Pont de Port Mornay. — 8. Pont de Sainte-Thorette. — 9. Pont de Saint-Thibaud. — 10. Pont de Moulon.

que leur existence soit établie d'une façon positive. La tâche des archéologues, pour compléter ces renseignements, est d'ailleurs devenue d'une extrême difficulté, grâce aux progrès de l'agriculture et aux défrichements qui ont fait disparaître quantité de vestiges antiques, grâce aussi à la création incessante des routes nouvelles, qui empruntent bien souvent l'assiette et recouvrent des chemins, dont l'origine remontait à l'époque romaine. Dans ces conditions, il semble que rien ne puisse mieux faciliter les recherches que d'en déterminer l'objet avec précision : une étude d'ensemble sur la voirie romaine dans le département du Cher répondra à ce besoin en faisant mieux ressortir les lacunes encore existantes et les questions qui restent à élucider.

Un coup d'œil jeté sur la carte routière du pays biturige, révèle le plan qui fut poursuivi lors de la constitution de son réseau : ce fut de rattacher étroitement la province à sa métropole, vers laquelle on fit converger presque toutes les voies. Sur les limites de la cité seulement, et principalement dans la partie du Berry qui a formé le département de l'Indre, on créa, ce que l'on peut appeler par opposition aux voies précédentes, des voies transversales, souvent d'un intérêt plus général, destinées à mettre en communication les provinces voisines des Bituriges à travers le pays de ces derniers et aussi à relier entre elles, avant leur sortie du territoire, les routes venant de Bourges.

Avaricum, en sa qualité de capitale des Bituriges et de métropole de la première Aquitaine, était naturellement le centre voyer le plus important de la province : huit voies au moins s'y rencontraient ; venaient ensuite Château-Gordon, Châteaumeillant et Vierzon avec chacune cinq à six voies, Sancoins avec quatre; Graçay, Allichamps et Saint-Ambroix-Arnaise n'en avaient que trois ou quatre.

A Bourges il y avait trois portes : la porte Cortonique ou Gordonique au nord; la porte de Lyon à l'est et la porte Auronoise au midi. La porte Cortonique, par laquelle passaient les voies qui se dirigeaient vers le nord, le nord-ouest ou le nord-est, conduisait chez les Carnutes et les Éduens; tirait son nom de la voie qui menait à *Cortonum Castrum*, soit parce qu'elle était la plus fréquentée, soit parce qu'elle avait été la première construite. Ces voies avaient toutes une sortie commune, qui est devenue la rue Nationale et la rue Saint-Privé, et elles ne se séparaient qu'après avoir franchi l'Yèvre, au pied de la butte d'Archelet.

La porte de Lyon ne donnait issue qu'à une seule voie, qui à la vérité, était la plus importante, puisque c'était celle d'Autun, de Lyon, de la Province et de l'Italie, dont les embranchements rayonnaient dans toute la région de l'est et du sud donnant accès vers le pays des Éduens et des Arvernes.

La porte Auronoise, ainsi nommée à cause du voisinage de la rivière d'Auron, est quelquefois aussi appelée Porte Tournoise, parce que la voie de *Tours* l'empruntait pour sortir d'Avaricum. Elle donnait passage aux voies qui se dirigeaient vers l'ouest, le sud-ouest et le sud, conduisant chez les Turones, les Pictaves, les Lémovices et aussi chez les Arvernes, c'est-à-dire aux voies de Vierzon, de Tours, de Poitiers et d'Allichamps; elles avaient à la sortie de la ville un passage commun qui est devenu la rue d'Auron, et

ne se séparaient qu'après avoir traversé la rivière
d'Auron, à la Croix-Moultjoie (1).

## RÉGION DU NORD.

### VOIES D'AVARICUM A CORTONUM CASTRUM (SANCERRE OU SAINT-SATUR).

Cette voie, encore apparente dans la majeure partie
de son parcours et connue sous le nom de Chaussée
de César ou de Chemin de Jacques-Cœur, est portée
sur la carte de l'État-major (2). Sortie de Bourges par
la porte Cortonique, elle se séparait de la voie d'Orléans après la traversée de l'Yèvre, où elle prenait la
direction du nord-est. Elle passait dans les communes de Saint-Germain-du-Puy, de Sainte-Solange, de
Rians, délimitait les deux dernières de celle des Aix-
d'Angillon, entrait sur le territoire de Montigny,
puis sur celui de Veaugues, qu'elle séparait de
Jalognes, enfin se confondait près de Bué avec la
route départementale n° 2 de Bourges à Saint-Thibault et arrivait avec elle à Saint-Ladre, au pied de
Sancerre.

Ici commencent les difficultés, car on ne trouve
plus aucune trace de la voie. Montait-elle à Sancerre, où M. Boyer voudrait placer Cortonum Castrum, pour redescendre ensuite à Saint-Thibaut par
la Porte César, en suivant un vieux chemin appelé

(1) H. Boyer : *Les Enceintes de Bourges* (Mém. Soc. hist. du
Cher, 4ᵉ série, t. IV).

(2) Feuilles 122 et 123. — Vallois : *Les Voies rom. d'Avaricum*, p. 59.

rue Pavée ou Chemin de la Reine Blanche? L'identification proposée peut paraître très douteuse, en raison
notamment de l'absence absolue de vestiges romains
à Sancerre, tandis qu'il n'en serait pas de même pour
Saint-Satur, où l'on a découvert des ruines importantes et dans lequel il semble, par conséquent, plus
rationnel de reconnaître l'ancien Château-Gordon.
Dans cette hypothèse la voie romaine, à partir de
Saint-Ladre, aurait contourné la colline de Sancerre pour aboutir à Saint-Satur et de là gagner la
Loire un peu en amont de Saint-Thibault, point où
des traces d'empierrement visibles dans le lit du
fleuve, font croire à l'existence d'un gué pavé, ou plutôt d'un pont qui permettait de rejoindre sur la rive
droite la voie d'Autun à Paris par Nevers et Orléans (1).

En résumé, de Bourges à Sancerre, l'étude de la
voie est complète, il n'y a que dans la banlieue de
cette dernière ville où l'on est dans l'incertitude ;
cette question se lie étroitement à celle de l'identification de Cortonum Castrum avec Sancerre ou Saint-
Satur, un des problèmes les plus ardus de l'archéologie berruyère, sur lequel diverses controverses
se sont ouvertes sans arriver à un résultat certain (2).

La voie de Château-Gordon fut suivie en 767 par Pépin lorsqu'il pénétra en Aquitaine : « Ad castrum quod

(1) Chavaudret : *Essai hist. sur l'époque et la cause de la
destruction de la ville de Curto* (Mém. com. hist. du Cher,
2ᵉ vol., p. 58, en note.
(2) H. Boyer : *Les origines de Sancerre* (Mém. Soc. hist.
Cher, 3ᵉ série, t. II). — Raynal : *Sancerre et le Château-Gordon, réponses à quelques critiques adressées à l'hist. du Berry*
(Mém. Soc. Ant. du Centre, t. X).

vocatur Gordinis, Ligere transacto, ad Betoricas accessit »(1).

VOIE D'AVARICUM A CENABUM (ORLÉANS).

Caylus mentionna le premier l'existence de cette voie, sans entrer dans aucun détail (2); M. de Raynal proposa ensuite de la faire passer par Allogny et par Neuvy-sur-Barangeon, ce qui était inexact, enfin M. de la Saussaye (3) et Vallois (4), en déterminèrent presque en entier le véritable tracé.

Dans la banlieue de Bourges, tout vestige a disparu. M. Vallois pense néanmoins, qu'après sa séparation d'avec la voie de Château-Gordon, elle prenait la direction du nord-ouest, traversait le cimetière Saint-Lazare, passait à l'arcade qui est près du Pont Vieux du Moulon, et gagnait Bois-Dureau, dans la commune de Vasselay. A partir de ce point, la voie a été retrouvée et suivie avec certitude : elle touchait à Bois-Dureau, à Mitterand (commune d'Allogny), à Gaguignolles, au Haut-Guilly (commune de Neuvy-sur-Barangeon) et atteignait la Rére, où la reconnaissance de M. Vallois a pris fin. Il faut noter que, dans ce parcours, la voie sert de séparation aux communes suivantes : à Bourges et Vasselay d'avec Saint-Doulchard et Saint-Éloi-de-Gy, à Allogny et à Neuvy-sur-

(1) Frédégaire, IV, Chron. Cont. Duchesne, Hist. Fran. Script., t. I, p. 778.

(2) *Recueil d'antiquités*, t. VI, p. 392.

(3) Mém. lu en 1866 à la réunion des Sociétés savantes à la Sorbonne.

(4) *Le camp de Haute-Brune et la voie rom. de Bourges à Orléans; — les Voies rom. d'Avaricum*, p. 62.

Barangeon d'avec Méry-ès-Bois à Neuvy et à Nançay d'avec Presly-le-Chétif.

Entre la Rère et la Petite-Sauldre, il y a une lacune de peu d'étendue, passé laquelle les recherches de M. de la Saussaye ont établi que la voie continuait vers Orléans par Bourdaloue (commune de Souesme), le Gué de la Falaize sur la Grande-Sauldre (commune de Pierrefitte), le Gué de Lange sur le Beuvron (commune de Chaon), enfin la Chênée (commune de Vouzon).

En résumé, la voie d'Orléans a été étudiée d'une façon aussi complète qu'on peut le souhaiter ; la lacune entre la Rère et la Petite-Sauldre sera facile à combler, et pour celle de la banlieue de Bourges, on peut espérer qu'une découverte fortuite viendra un jour fournir les indications qui font aujourd'hui défaut.

## VOIE D'AVARICUM A SALBRIS ET AUTRICUM (CHARTRES) OU BLESANIS CASTRUM (BLOIS).

La première mention de cette voie, se rencontre dans un *Mémoire sur les antiquités du Loiret,* de M. Jollois, qui lui assignait d'ailleurs dans le Berry un parcours absolument erroné, en la faisant passer par Fussy, Neuvy-sur-Barangeon, point où elle aurait rencontré la voie d'Orléans, puis par Salbris. M. Vallois, qui a déjà démontré que Neuvy n'était pas sur le parcours de la voie d'Orléans, a établi qu'il était également en dehors de la voie de Salbris (1).

(1) Ouvr. déjà cités.

En effet, la voie de Salbris, qui se détachait de la
voie d'Orléans en un point de la banlieue de Bourges
impossible à déterminer, puisque les vestiges antiques
ont totalement disparu dans cette région, se retrou-
vait au Briou, prenait le nom de Chemin de Dame,
puis passait à *la Chaussée* (commune de Saint-Doulchard), au Vernay, à la Rongère, à Dame (commune
de Saint-Éloy-de-Gy , près des Maisons-Brûlées et
de la Chapelle-des-Bruyères (commune d'Allouis),
près de la Garde (commune de Vignoux-sur-Barangeon), traversait la forêt de Saint-Laurent, touchait
à la Lœuf-du-Houx (commune de Vouzeron), au
Many, séparait la commune de Nançay de celles
d'Orçay et de Theillay, et de là gagnait Salbris.
Passé cette ville, aucune reconnaissance n'a été
faite et les directions proposées sont purement hypo-
thétiques; suivant M. Jollois, la voie gagnait la
Loire à Meung et continuait sur Châteaudun et
Chartres; suivant M. Vallois, elle allait à Blois ou à
Beaugency ; en résumé, toute cette partie est entièrement à étudier.

Les constatations de M. Vallois ont été confirmées
depuis par la publication de certains passages des
mémoires encore inédits de Béchereau, archéologue
vierzonnais, que M. Tausserat a fait connaître (1):
la voie de Bourges à Salbris était encore facilement reconnaissable au milieu du XVIII⁰ siècle, et ce
qu'il en dit concorde entièrement avec les indications de M. Vallois.

(1) *Vierzon et ses environs*, p. 76 (Mém. Soc. hist. du Cher
4⁰ série, t. XI).

## VOIE D'AVARICUM A MAGDUNUM (MÉHUN-SUR-YÈVRE), VIRZIO (VIERZON) ET (ROMORANTIN).

Ferrand de Saligny (1) raconte, d'après d'anciens documents aujourd'hui perdus, qu'il y avait une voie, construite par l'empereur Aurélien, pour relier Bourges à Orléans par Méhun, Vierzon. Romorantin et les Sables de la Sologne. Les noms des villes, dont il vient d'être question, démontrent qu'il ne peut s'agir ni de la voie de Bourges à Orléans, ni de la voie de Salbris, ni enfin de celle qui allait de Bourges à Vierzon, entre le Cher et l'Yèvre, par la rive gauche de cette dernière rivière, puisque Méhun, qu'elle devait traverser, était autrefois exclusivement située sur la rive droite. Il reste donc établi qu'il existait sur la rive droite de l'Yèvre, une autre voie sur le parcours de laquelle on ne possède que des indications vagues et incertaines.

En effet, on a reconnu les traces d'un vieux chemin allant de Bourges à Méhun, qui passerait à Saint-Doulchard, Fontillet-*la-Chaussée* près de Graire et qui pourrait bien avoir une origine antique. Après Méhun, si aucune trace, ni aucun indice n'apparaissent plus, on peut supposer qu'ils ont entièrement disparu sous la route nationale n° 76, dont la direction est la même. Cela est probable, car Béchereau déclare que la voie suivait l'ancien chemin existant à cette époque entre Barangeon et Vierzon (2), qui depuis a été lui-même absorbé par la route moderne.

(1) Ibid., p. 43.
(2) Tausserat, ibid., p. 76.

Au-delà de Vierzon, M. Vallois a cru retrouver une voie romaine dans un vieux chemin connu dans le pays, sous le nom de Chemin de la Fringale ou de Chemin blésois, qui délimite les départements du Cher et du Loir-et-Cher, sépare les communes de Theillay, Méry-sur-Cher, Théniaux, Châtres et Ménetou-sur-Cher, passe à Romorantin et de là se dirige sur Blois. M. Vallois, persuadé que la seule voie entre Bourges et Vierzon était celle de la rive gauche de l'Yèvre, y avait rattaché, comme en étant la continuation naturelle, le chemin de la Fringale, mais aujourd'hui l'existence d'une seconde voie par la rive droite devient probable. Le chemin de la Fringale, également situé sur la rive droite du Cher, doit donc être de préférence considéré comme sa suite rationnelle.

La route signalée par Ferrand de Saligny pour aller de Bourges à Orléans par Méhun, Vierzon, Romorantin et les Sables de la Sologne se trouverait ainsi reconstituée, car à Romorantin la voie venant de Bourges croisait la voie de Poitiers à Orléans par Argenton, Levroux, Chabris, Millancey, etc., c'est-à-dire, en réalité, par la Sologne ; il est incontestable d'ailleurs que ce chemin aurait besoin d'une étude sérieuse pour en faire connaître exactement le parcours et même décider si le fait de son existence est confirmé.

#### VOIE RELIANT LA VOIE D'AVARICUM A SALBRIS AVEC CELLE D'AVARICUM-MAGDURUM-VIRZIO.

Près de la Garde, dans la commune de Vignoux-sur-Barangeon, il se détachait de la voie de Bourges à Salbris, un embranchement qui, par Chaumoux et Villemenard, aboutissait à Barangeon, sur la voie de Bourges à Romorantin par Méhun et Vierzon. Du temps de Béchereau cette voie était déjà difficile à reconnaître et, comme on l'a déjà dit, la partie de Barangeon à Vierzon, qui est commune avec celle de Bourges à Vierzon, était confondue avec le chemin que l'on suivait à cette époque pour aller à Vierzon (1) ; on comprendra dès lors que ce n'est pas sans peine qu'un siècle plus tard M. Vallois a pu en découvrir les traces (2).

### VOIE DANS LA DIRECTION DE GIEN.

Un coup d'œil jeté sur une carte routière du pays biturige fait apparaître un vide considérable entre les voies d'Orléans et de Château-Gordon : selon toute probabilité il y avait là une ou plusieurs voies intermédiaires qui sont à découvrir. On possède déjà certains renseignements qui peuvent servir à ceux qui chercheront à combler cette lacune évidente du réseau voyer du Berry à l'époque romaine. M. Fabre, ancien ingénieur, pensait qu'une voie, qui pour lui était celle d'Orléans, passait à Ennordre (3) : ce ne peut être, comme on l'a vu, la voie d'Orléans, mais le fait très probable du passage d'une voie romaine dans cette localité reste néanmoins acquis. Il est d'ailleurs confirmé par M. de Kersers, qui dit avoir été frappé de

(1) Tausserat : ibid., p. 76.
(2) Vallois : *Le camp de Haute-Brune*... p. 83.
(3) Raynal : *Hist. du Berry*, t. I, p. 100.

l'aspect d'une tranchée pratiquée dans les bords de la Petite-Sauldre, à Ennordre même, et avoir immédiatement eu le sentiment qu'il se trouvait en présence d'une voie romaine (1).

Or, sur la carte de Cassini et touchant à Ennordre même (2), on remarque une double ligne de points, indiquant incontestablement un chemin, qui part de Méry-ès-Bois, passe, comme il vient d'être dit, à Ennordre et continue sur Aubigny, Argent, Coullons, Gien, et même au-delà de la Loire. Il ne peut s'agir du tracé de la route nouvelle, puisque cette route était déjà commencée du temps de Cassini et est portée sur sa carte d'une façon distincte de la ligne de points ; il faut ajouter que les routes de nouvelle création ou les anciens chemins encore en usage sont d'ailleurs désignés tout autrement sur les cartes de ce géographe. Dès lors il ne reste plus qu'une explication : c'est que le double pointillé indiquerait une voie romaine. Si cette explication était admise, on pourrait supposer que la voie de Gien se détachait de celle d'Orléans près de Gaguignolles (commune de Neuvy-sur-Barangeon), et se dirigeait vers Gien en suivant le tracé porté sur la carte, de façon à couper à peu près par le milieu la région comprise entre les voies d'Orléans et de Château-Gordon.

### VOIE VERS MÉNETOU-SALON.

Il reste encore entre la voie de Château-Gordon et celle de Gien une lacune considérable, et on peut dire

(1) *Statistique monumentale du Cher* : canton de la chapelle d'Angillon, commune d'Ennordre.
(2) Feuille 10, H n° 9.

anormale, si on considère la distance qui séparait les autres voies à leur sortie de Bourges. Frappé de cette situation, M. Vallois (1) s'est demandé si l'un des anciens chemins qui conduisait vers Ménetou-Salon, n'était pas une voie romaine. C'est une question à examiner ; il est à remarquer qu'une voie ainsi placée, si elle se prolongeait directement jusqu'à la Loire, aboutirait à Gannes, dont il sera bientôt question.

### VOIE DE NEUVY-SUR-BARANGEON.

Sans aborder le difficile problème de l'identification de Neuvy-sur-Barangeon avec la ville de *Noviodunum*, prise par César dans sa marche sur Avaricum, question sans grand intérêt d'ailleurs pour l'étude des voies romaines, dont la construction est postérieure à la conquête, on peut regarder comme certaine l'existence à la Vilatte, près de Neuvy, d'une ville romaine, dont l'importance est attestée par les vestiges qui subsistent encore. Par suite, il devient probable qu'il y avait entre cette ville et les voies voisines un ou plusieurs chemins de communication.

C'est à cette route qu'ont fait allusion presque tous ceux qui ont écrit sur la voirie romaine dans le Berry, quand ils disaient que la voie de Bourges à Orléans passait à Neuvy. On sait depuis les recherches de M. Vallois que cette affirmation est inexacte, mais on comprend que l'erreur ait pu être commise, car si là voie de Neuvy n'allait pas directement à Orléans, élle y menait indirectement, en se rattachant à la voie qui y conduisait.

(1) *Les Voies romaines*, ibid., p. 84.

Ainsi il y avait une voie romaine à la Vilatte, et
entre cette localité et la voie de Bourges à Orléans,
qui en était éloignée de 3 kilomètres environ,
M. Vallois a signalé un relief de terrain venant du
tertre du Boulaire, près de Méry-ès-Bois et orienté
de l'est à l'ouest, qui pourrait être le vestige d'une
voie de raccordement entre Méry et la Villatte.
Il parle également d'une sorte de chaussée partant
du nord et passant par Grand-Jeu pour arriver à
la Villatte (1). Il faudrait examiner de près ces indications pour vérifier leur véritable caractère et déterminer exactement leur emplacement et leur direction. On rechercherait également si cette voie
*n'allait* pas plus loin du côté de Nançay, pour rejoindre la voie de Bourges à Salbris. De ce côté, un
hameau de la commune de Nançay, portant le nom
de *la Chaussée*, devra appeler l'attention.

VOIE DE PIERREFITTE DANS LA DIRECTION DE L'EST.

A Pierrefitte, une voie secondaire se détachait de
la voie de Bourges à Orléans et se dirigeait vers
l'est en remontant la rive droite du ruisseau de la
Boule-Vive. En effet, M. de La Saussaye a signalé à
la ferme de Cerbois, dans la commune de Pierrefitte,
l'existence d'un vieux chemin *chaussé*, labouré depuis, qu'il estimait être un tronçon de voie (2). M. Cha-
zereau en a retrouvé un autre, un peu plus loin,

(1) *Le camp de Haute-Brune*, etc., p. 44 et 79.
(2) Ibid.

*à la chaussée*, (commune de Brinon) (1). Où passait ensuite ce chemin et où allait-il? Allait-il sur Aubigny ? C'est ce qu'il serait téméraire d'affirmer en l'absence de renseignements : une étude spéciale permettrait seule de décider.

### VOIES DE GANNES.

La ville de Gannes, que l'on croit avoir existé du temps des Romains, était située sur les confins du département du Cher et de celui du Loiret, dans la commune de Beaulieu, dépendant de ce dernier département. Elle semble avoir été autrefois un centre métallurgique important, car on a récemment découvert près du Puits d'Havenat, dans la même commune, une chaussée ferrée, formée de plaques de laitier de fer d'une extrême dureté. Ce n'était sans doute qu'une voie d'importance très secondaire, car elle ne mesurait que trois mètres de largeur, l'équivalent en quelque sorte de nos chemins vicinaux ; elle venait de Gannes et se dirigeait vers le sud-sud-ouest. Au dire des gens du pays, elle n'était pas la seule, car une autre voie, construite de la même manière, tendait vers Aubigny (2).

Suivant d'autres renseignements, il y aurait eu sur la rive gauche de la Loire et en suivant les bords, une autre voie romaine dont on aurait retrouvé et détruit les vestiges à Saint-Satur, Bannay, le Pe-

(1) Procès-verbaux de la Soc. hist. du Cher.
(2) Léon Dumuys : *Les fours à réduction du puits d'Havenat.* (Soc. arch. de l'Orléanais, t. XI, n° 169).

zeau, Léré, Belleville et Beaulieu, lors de la construction du canal latéral de la Loire (1). On peut
croire que cette voie passait également à Gannes.

Enfin, dans une notice écrite sur Châtillon-sur-Loire,
il est parlé, d'une façon peu claire, il est vrai, de la
chaussée romaine d'Avaricum à Agedicum (Sens),
qui touchait à Gannes, où elle était bordée de monti-
cules de scories, puis à Puits d'Havenat, à l'Aubier
(commune de Cernoy), aux Hyvons (commune d'Autry), enfin à la Motte (commune de Saint-Firmin-sur-
Loire (2).

Toutes ces indications, si elles démontrent, jusqu'à
l'évidence, l'existence de voies romaines dans cette
région, sont assez difficiles à concilier : elles auraient
besoin d'être vérifiées sur place et contrôlées avec
soin. En l'état, voici qui ce semble en résulter : la voie
de Bourges à Sens, dont il est parlé, doit concerner
la voie de Bourges à Gien, qui, comme on l'a vu,
d'après Cassini, se serait continuée au-delà de la
Loire, sans d'ailleurs passer à Gannes, qu'elle laissait bien à droite. Quant aux diverses localités dési-
gnées, les unes, comme Gannes, l'Étang, la Mothe,
se seraient trouvées sur la voie qui longeait la Loire
par Saint-Satur, Bannay, le Pezeau, Léré, Belleville et Beaulieu, les autres comme l'Aubier, les Hyvons, auraient été placées sur le passage de la Chaussée de Brunehaut, dont il va être question, et qui
venait également, mais en ligne droite, de Château-

(1) Ils émanent de M. Artaud, ancien conducteur des ponts
et chaussées, qui, en 1827 et 1828, fut employé à la construction
du canal latéral de la Loire.

(2) Cochard : *Châtillon-sur-Loire, son histoire avant 1789.*
(Mém. Soc. Arch. de l'Orléanais, t. XIV, p. 116.)

Gordon , par Savigny-en-Sancerre , et continuait
ensuite vraisemblablement par Santranges, Pierrefitte-ès-Bois, Cernay et Autry, jusqu'à la voie de
Bourges à Gien, et plus loin vers Orléans. Il y aurait
donc eu deux routes suivant parallèlement la Loire
à des distances plus ou moins grandes, disposition
que l'on rencontrera également dans les régions
voisines du même fleuve situées au sud ; le chemin du
Puits d'Havenat aurait servi à relier ces deux routes.

## VOIE DE CORTONUM CASTRUM A CÆNABUM
### (ORLÉANS).

Nous tenons d'un archéologue de Sancerre, qui
connaissait à merveille sa ville natale et ses environs (1), de précieuses mais trop succinctes indications sur les voies qui rayonnaient autour de Cortonum Castrum ; elles pourront diriger utilement les
recherches de ceux qui voudront un jour étudier à
fond la voirie antique de cette région.

Il y aurait eu tout d'abord une voie se dirigeant
vers le nord, appelée chemin de la Cresle et aussi,
d'après une tradition orale, Chaussée de Brunehaut,
nom qui désigne souvent, comme on le sait, les voies
romaines. Cette voie serait sortie de Sancerre par la
Porte Saint-André, car l'auteur de ces renseigne-

(1) M. Bonnin, ancien secrétaire de la mairie de Sancerre et
auteur d'une histoire de cette ville restée manuscrite. Les renseignements que nous tenons de son obligeance se retrouvent en
partie, sur une carte dressée par lui et jointe au mémoire de
M. Boyer sur *les Origines de Sancerre.*

ments était un partisan tout à fait convaincu de l'identification de Sancerre avec Château-Gordon, puis passait à Fontenay, localité touchant à Saint-Satur, que l'on prétend aussi avoir été Château-Gordon, et d'où la voie pouvait bien également venir, à Sainte-Gemme, à Savigny-en-Sancerre, point où s'arrêtent les renseignements, continuant ensuite dans la direction de Cenabum. Par Cenabum, on entendait Gien, ce qui était une erreur certaine, puisqu'il est aujourd'hui reconnu que Cenabum, c'est Orléans, ville qui se trouve d'ailleurs mieux placée dans la direction d'une voie venant de Santranges, Pierrefitte-ès-Bois, Cernoy et Autry.

## VOIE DE CORTONUM CASTRUM DANS LA DIRECTION DE L'OUEST.

Une autre voie se dirigeait vers l'ouest et la Sologne du côté de la Chapelle d'Angillon ou d'Aubigny. Elle longeait au départ la route de Sancerre à Aubigny, passait près d'Amigny (commune de Sancerre), à Sacy et à Malchin (commune de Sens-Beaujeu), point où s'arrêtent les indications données à son sujet.

## VOIE DE CORTONUM CASTRUM DANS LA DIRECTION DU SUD.

Suivant la même source, il y aurait eu une troisième voie allant à Baugy et Avor, en passant par Vinon et par Jalognes ou Groizes. Ce tracé est

peu rationnel , et il serait préférable de le diriger, soit par les vallées de la Vauvise et de l'Aubois,
où il se relierait à la voie qui descend à Sancoins,
soit, peut-être, d'admettre l'existence des deux voies.
Quoiqu'il en soit, il faut noter de ce côté la présence
à Groizes d'un moulin qui porte le nom de *la Chaussée* et dans l'étang de Soutrin (commune d'Avor)
d'un tronçon de chemin empierré, dont le caractère
antique , affirmé par les uns, et contesté, par les
autres, est pour le moins douteux : ce tronçon pourrait appartenir à la voie de Château-Gordon à Avor,
si d'ailleurs l'existence de cette voie était établie.

On doit également se demander si la voie qui, au
nord de Château-Gordon, longeait la rive du fleuve
par Bannay, Léré, Gannes, etc., ne se continuait pas
en amont par Herry, Jouet, etc., ne faisant qu'un, peut-
être, avec la voie des vallées de la Vauvise et de
l'Aubois dont il vient d'être parlé: on n'a retrouvé,
il est vrai, aucun vestige justifiant cette hypothèse,
mais on doit faire observer que les Romains ont
laissé dans cette partie du Berry des traces nombreuses de leur séjour.

## RÉGION DU SUD-EST

VOIE D'AVARICUM A AUGUSTODUNUM (AUTUN) ET
LUGDUNUM (LYON).

La voie d'Autun et de Lyon, dont on a déjà dit
l'importance, figure sur l'Itinéraire d'Antonin, comme

faisant partie de la voie de Bordeaux à Autun (1), et sur la Table de Peutinger, comme une section de la voie de Decize à Tours (2).

Elle sortait de Bourges par la porte de Lyon en suivant la direction de la route nationale n° 153, avec laquelle elle marchait de concert, l'ayant d'abord à droite devant le *castrum*, dont elle longeait les fossés, puis à gauche, à partir des casernes de l'artillerie. Elle traversait ainsi la banlieue de Bourges, où elle a disparu et où il a fallu toute la sagacité de M. Vallois pour reconnaître son passage (3); redevenue visible (4), elle séparait les communes de Soye et de Plaimpied, et arrivait à Saint-Just, au point où tombait le neuvième mille à partir de Bourges (5).

Là, la voie romaine quittait la route nationale qu'elle laissait à droite, bornait les communes de Vornay et d'Annoix, et rejoignait à *la chaussée* (commune de Bussy), la route de Bourges à Port-Mornay, qu'elle accompagnait jusqu'à l'Allier. Elle délimitait Osmery de Bussy et de Latan, disparaissait aux abords de Blet, recouverte sans doute par la route moderne, et continuait tantôt visible à côté de cette route qu'elle longe, tantôt confondue avec elle, séparant successivement Blet (6) de Charly, et Sancoins de Vereaux.

(1) Desjardins : *Géog. de la Gaule rom.*, V. IV, p. 67.

(2) Ibid., p. 144.

(3) *Les voies rom. d'Avaricum*, p. 55.

(4) Feuille n° 122.

(5) Abbé Faillon, Actes de saint Ursin, *Monuments inédits de l'apostolat de Marie-Madeleine*, t. II.

(6) A signaler le domaine *des Chaussées*, dans la commune de Blet.

A Sancoins, l'ancien Tinconcium ou Cinconcium
des Itinéraires, où elle passait incontestablement, la
voie romaine n'a pas encore été retrouvée et ne le sera
plus jusqu'à Port-Mornay, aujourd'hui cachée, selon
toute apparence, sous la route. Sa direction toutefois
ne saurait être douteuse, car les vestiges du pont qui
lui servait à franchir l'Allier, ont été rencontrés à
Port-Mornay (1) et sa continuation dans le Nivernais
est connue sous le nom de *Chaussée de Brunichon* (2).
Bien que suffisamment étudiée dans une grande partie
de son parcours, il est inexplicable qu'il subsiste
encore, pour une voie de cette importance, des lacunes
aussi considérables.

### VOIE D'AVARICUM A NEVIRNUM (NEVERS).

L'existence de ce chemin est des plus probables, et
cependant il faut confesser que l'on n'en connaît
aucune trace dans le Berry : ce que l'on en sait
se borne à quelques vagues indications sur son
parcours sur le territoire éduen, près de la frontière
des Bituriges. Il paraît en effet qu'il partait de Nevers
une voie passant à Marsy et aboutissant à la Loire (3),
et il serait inexplicable qu'elle n'eût pas sa continuation de l'autre côté du fleuve. Les auteurs du
Nivernais, de qui émane ce renseignement, ajoutent
que la voie se voyait encore au-dessus de la Guerche

(1) Raynal : *Hist. du Berry*, t. I, p. 96. Saint-Hypolite :
*Recherches sur quelques points historiques relatifs au siège
de Bourges*. (Annuaire du Berry, année 1843).
(2) *Le Nivernais*, t. I, introduction, p. 20.
(3) T. I, p. 22-

et qu'elle était facilement reconnaissable avant d'y arriver, mais on doit regretter qu'ils n'aient pas fait connaître avec précision les localités du pays bituringe où ils avaient constaté le passage de la voie de manière à fixer ainsi définitivement son parcours.

Après la Guerche, l'absence d'indication est complète. Pendant que les auteurs du Nivernais pensaient qu'elle se dirigeait droit sur Bourges en rencontrant alors la voie du Château-Gordon (1), Raynal la conduit à Germigny, puis à Blet, et la rattache à la voie d'Autun, dont elle ne serait plus dès lors qu'un embranchement. On avait signalé l'existence de tronçons de voie, l'un dans l'étang de Bouy (commune de Saint-Hilaire-de-Gondilly), et au domaine de Beaurenard avec continuation dans la direction de Patinges (2), l'autre, dont il a déjà été parlé, dans l'étang du Soutrain près d'Avor, mais on ne saurait rien en conclure, car aucun de ces vestiges ne semble avoir eu le caractère des ouvrages des Romains, en sorte que pour cette voie, si vraisemblable qu'elle puisse être, on est entièrement réduit aux conjectures. Toutefois, comme argument en faveur de l'opinion des auteurs du Nivernais, on peut faire remarquer qu'en conduisant la voie jusqu'à Bourges, on fait disparaître entre la voie de Château-Gordon et celle d'Autun, un vide inexplicable.

(1) T. I., p. 195.
(2) Proc.-verb. Soc. hist. du Cher des 14 janvier 1858 et 2 novembre 1866.

VOIES PARALLÈLES A LA LOIRE ET A L'ALLIER ;
VOIES DE SANCOINS AU VEURDRE ET DE SANCOINS
A BOURBON-L'ARCHAMBAULT.

Pour les voies romaines au sud de Château-Gordon, on trouve des dispositions semblables à celles qui ont été observées au nord de cette ville : plusieurs voies allant du nord au sud, et par conséquent sensiblement parallèles à la Loire et à l'Allier, l'une près du fleuve, l'autre à une certaine distance, desservaient sa riche vallée et la contrée limitrophe, tout en reliant entre elles, avant leur sortie du pays biturige, les voies parties directement de Bourges. L'existence de ces voies se trouve établie par un fait historique : en 760, Pépin passe la Loire à Mesve et traverse le Berry pour envahir l'Auvergne (1) : ce qui démontre que le roi franc trouvait sur la rive gauche, pour la marche de son armée, une route aussi commode que la grande voie qui suivait la rive droite.

En dehors de ces probabilités, rien n'est venu donner sur ces routes antiques des renseignements positifs : la voie éloignée du fleuve pourrait être celle dont il a déjà été parlé, et qui, partie de Sancerre, menait à Baugy par Vinon, Jalognes ou Groizes et Avor ; l'autre pourrait être celle qu'il a été question de faire

(1) « Ad Massuam vicum in pago Antissiodorensi Ligerem fluvium transmeavit; per pagum Bitorinum usque Arvernico accessit ». — Frédégaire. cont. IV.

passer par les vallées de la Vauvise et de l'Aubois.
On signale en effet, sur les bords de cette dernière
rivière, aux Gueffiers, près de Torteron, et à Patinges,
des traces de voie romaine, que M. Roubet croyait
être l'antique chemin de Sançoins à Nevers, connu
sous le nom de Chemin royal des Allemands (1). Ce
serait du reste la route prise par Pépin en 761, route
qui devait se rapprocher des rives de la Loire en face
de Meeves ou de la Charité.

A Sancoins, les renseignements prennent un caractère de certitude. En 1834, lors de la construction
du chemin de grande communication n° 43, des Aix à
Sancoins et au Veurdre, on détruisit, au sortir de la
ville, un tronçon de voie romaine, pour établir la nouvelle route sur son emplacement (2), substitution qui
paraît avoir été continuée jusqu'au Veurdre. Près de
cette dernière localité on a signalé, dans les landes de
Saint-Augustin et à *la Chaussée* (3), le passage de la
voie qui se poursuivait sur Limoise, où elle rencontrait la voie dont on va parler.

Une seconde voie partait de Sancoins et menait
directement à Bourbon-l'Archambault par Lurcy-
Lévy, Limoise et Franchesse. Lors de la construction du chemin de grande communication n° 40, de
Sancoins à Fourchambault, on retrouva entre Limoise et Franchesse, sur une longueur de deux kilomètres, une chaussée antique si bien conservée,

(1) Roubet: *Épigraphie historiale du canton de la Guerche;—
Droits féodaux sur la Loire dans le détroit de la Châtellenie
de Nevers.*

(2 et 4) Renseignements fournis par M. Artaud (Voir supra).

(3) Tudot: *Carte des voies romaines du département de
l'Allier,* avec texte.

qu'une simple réparation en fit la partie la plus so-
lide de la route (4 et 5).

Cette voie qui conduisait chez les Arvernes, a porté
le nom de Chemin des Allemands et est la suite de
celui que M. Roubet a signalé au nord de Sancoins et
que l'on appelait Chemin royal des Allemands. Cette
désignation s'applique souvent aux voies romaines et
évoque le souvenir des invasions barbares, parmi
lesquelles on peut compter les incursions des Francs
en Aquitaine.

*Remarque générale sur la voirie romaine des bords
de la Loire* : on a vu qu'au nord de la voie de Bourges
à Château-Gordon, il existait plusieurs voies se rami-
fiant de Château-Gordon dans la direction du nord et
parcourant cette partie du pays des Bituriges ; — on a
constaté qu'au sud de la voie de Bourges à Autun, dans
la direction du midi, — on rencontrait la même disposition avec Sancoins pour centre ; il serait donc inexplicable que la région intermédiaire, celle qui s'étend
de Sancerre à Sancoins, n'ait pas été pourvue des
mêmes avantages et d'un pareil réseau de voies.
L'histoire, les vestiges, peu nombreux il est vrai, qui
ont été rencontrés, le prouvent, et on arrivera cer-
tainement à l'établir un jour quand on voudra étudier la question avec le soin qu'elle mérite.

(1) Charvet : *Bourbon-l'Archambault*, étude parue dans le
Journal de Vichy, nᵒˢ du 5 juin 1856 et suiv.

VOIE DE DUN-SUR-AURON ET BOURBON-
L'ARCHAMBAULT, VOIES DIVERSES S'Y RATTACHANT.


La Thaumassière (1), Butet (2), Fabre (3), Raynal,
le Bulletin de la Commission historique du Cher (4),
affirmaient tous l'existence de cette voie, mais sans
rien dire de précis à son égard. M. Moreau combla,
en partie, cette lacune, et apporta enfin des renseignements positifs, mais encore incomplets, sur la
voirie romaine autour de Dun (5).

La voie de Dun se détachait de celle d'Autun à la
hauteur d'Annoix, où le point de la bifurcation n'est
pas exactement déterminé, passait près de Terlande,
traversait la ville de Dun dans toute sa longueur,
touchait à la Grange-Rouge, à la Rote, séparait les
communes de Verneuil et de Cogny, enfin franchissait l'Auron au Pondy. Là s'arrête la reconnaissance
personnelle de M. Moreau. Pour la suite du parcours,
il se borne à indiquer comme direction générale
Ainay-le-Château, Charenton et Bourbon-l'Archambault, ce qui est bien vague et difficile à concilier, à
cause de la position de ces diverses localités, placées
en éventail.

L'indication donnée par M. Moreau peut toutefois


(1) *Hist. du Berry*, Réimpression, t. I, p. 46.
(2) *Statistique du Cher*, p. 205.
(3) *Mémoire pour servir à la statistique du département du
Cher*, p. 77.
(4) P. 17.
(5) Paul Moreau: *Hist. de Dun-le-Roi*, t. I, p. 55.

s'expliquer. Du Pondy la voie continuait sans doute jusqu'aux Cœuillets, hameau de la commune de Vernais, on a retrouvé, au milieu de nombreux vestiges de l'antiquité, une voie venant de Dun et se bifurquant en deux branches se dirigeant, l'une vers le sud-est, l'autre vers le sud-sud-ouest. Le premier embranchement, long de 6 kilomètres, aboutissait au village de Bavre, situé dans la commune de Bessais-le-Fromental, pour continuer, à en juger d'après son orientation, vers Bourbon-l'Archambault. Le second embranchement, après avoir franchi la Marmande, au moulin de la Rivière, où se voient les restes d'un pont, se confondait avec le chemin vicinal de Vernais à Ainay-le-Château, qui le recouvre (1), et rejoignait soit la voie de Bourbon à Allichamps, soit la voie de Néris en un point indéterminé au sud de Drevant, soit enfin conduisait à *Cordes* près de Saint-Pierre-du-Châteloy et d'Hérisson, dans l'Allier, où se trouvait, d'après certains archéologues, une ville romaine (2), dont l'existence est révoquée en doute par d'autres (3).

A Ainay-le-Château, passait, suivant Tudot, une voie romaine venant de Bourbon et se dirigeant, en longeant la Marmande sur Charenton, puis ensuite, d'après le même archéologue, sur Allichamps ou mieux peut-être sur Saint-Armand ou Drevant. L'existence de cette voie serait fondée sur une tradition conser-

(1) Résumé des anciens procès-verbaux, lettres de M. Bonnelat, juge de paix de Charenton, du 16 avril 1851 et de M. Mallay agent-voyer à Saint-Amand, du 18 mars 1852 ( Mém. Soc. hist. du Cher, 2ᵉ série, 3ᵉ vol. 1876).

(2) Caylus : ibid., t. III, p. 381.

(3) Tudot : ibid., p. 7.

vée à Bourbon, ce qui semble, en l'absence absolue
d'aucun vestige, une preuve bien insuffisante. Ainsi se
trouverait justifiée l'indication donnée par M. Moreau
pour la direction de la voie de Dun au-delà du Pondy ;
après les Cœuillets, on pouvait continuer sur Bourbon en prenant l'embranchement de l'est passant à
Bavre, ou bien aller à Charenton en suivant l'embranchement de l'ouest jusqu'à Ainay-le-Château,
puis la voie de Bourbon aux bords du Cher, Allichamps, Saint-Amand ou Drevant.

On s'est aussi demandé si deux vieux chemins de
cette région, connus dès le moyen âge, ne seraient
pas également d'anciennes voies romaines. L'un,
dont il est fait mention au XIV⁰ siècle, sous le nom
de Chemin royal de Bourges à Lyon, partait de Dun
et conduisait au Pont de Chargy, par Malçay, les
Gorinets, Malentrois (mala strata ?), le pré Ciron,
etc. (1); l'autre, qui existait déjà en 1220, et portait
le nom de Voie royale, allait du Pondy à Blet (2). Il
faudrait étudier de près ces deux chemins pour voir s'ils
offrent quelques caractères antiques, mais, à première
vue, ils semblent l'un et l'autre bien rapprochés des
voies romaines qui viennent d'être décrites et faire
double emploi avec elles.

Tout près de Dun, au nord-ouest de cette ville, on
a également signalé divers tronçons de voie qui
méritent d'attirer l'attention. Au nord de Dun, en
face de Cors, une voie se détachait de la voie de
Bourges à Dun, traversait l'Auron par un gué ferré
et se dirigeait sur Cors et la Touratte. On se de-

(1) Moreau : ibid., t. I, p. 55.
(2) B. de Kersers: ibid., Charenton, p. 100.

mande si ce chemin, appelé dans les vieux titres *via ferrata*, n'avait pas pour objet que de desservir l'importante villa de la Touratte, ou s'il se continuait de façon à rejoindre la voie de Bourges à Néris-Châteaumeillant ? (1)

A cette voie, peut-être pourrait-on rattacher un autre tronçon, découvert par M. de la Chaussée, près du tumulus connu sous le nom de Butte de la Périsse. D'après lui, ce tronçon partait également du nord-ouest de Dun, tombait perpendiculairement sur le tumulus, le contournait, puis reprenait sa direction, et M. de la Chaussée supposait que c'était un embranchement de la voie qui va de Bourges à Allichamps (2). En résumé, il y a deux questions distinctes que l'on peut résumer en ces termes : les deux tronçons appartiennent-ils à une même voie ou à deux voies différentes ? — Y avait-il une voie de communication entre Dun-le-Roi et la voie de Bourges à Allichamps ?

### VOIE D'AVARICUM A AQUÆ NERI (NÉRIS).

Cette voie, encore visible dans une grande partie de son parcours, et appelée Levée ou Chaussée de César, sortait de Bourges par la Porte d'Auron avec les voies de Tours et de Poitiers, dont elle se séparait à la Croix-Moultjoie pour prendre sa direction vers le sud. Jusqu'au Cher, elle accompagne la route nationale n° 144, qu'elle coupe ou sous laquelle elle disparaît souvent ; au commencement du siècle, elle

(1) Moreau : ibid., t. I, p. 68.
(2) *Fouilles exécutées au tumulus de la Périsse, près de Dun-e-Roi* (Mém. Soc. Antiq. Centre, t. IV, p. 43).

était encore dans un état de conservation si remarquable, que le docteur Baraillon disait qu'elle faisait *honte à la route nouvelle*, sa voisine (1).

Dans la banlieue de Bourges, on n'a pas encore découvert les traces de la voie, soit qu'elle ait été détruite, soit, comme on vient de le dire, qu'elle se trouve cachée sous la route nationale. Elle reparaît entre les bornes kilométriques 48 et 49 (2), et, à partir de ce point, elle est portée sur la carte de l'État-major, jusque près de Bruère-Allichamps (3). Elle suivait alors la droite de la route, formant la séparation des communes de Trouy et de Plaimpied; après les bois de Verrière, elle passait à gauche, délimitait Arçay de Lissay-Lochy, pénétrait avec le chemin de grande communication n° 28 de Saint-Florent à Dun-sur-Auron, sur le territoire de la commune de Levet, dont elle traversait le chef-lieu. Elle coupait de nouveau la route, à l'est de laquelle elle se tenait jusqu'à Coudron, entrait sur Chavannes, passait encore à l'ouest, séparait Chavannes et Saint-Loup-des-Chaumes d'Uzay-le-Venon, enfin entrait dans la commune de Bruère-Allichamps, où elle est confondue avec le chemin de grande communication n° 35 de Saint-Amand à Mehun, puis avec la route nationale, enfin arrivait, dit Pajonnet, prieur d'Allichamps, à 300 pas au levant du clocher d'Allichamps, où elle se divisait en deux branches conduisant l'une à Néris, l'autre à Châteaumeillant (4).

(1) Baraillon: *Recherches sur les ruines de plusieurs villes romaines de l'ancien Berry*, n° 25.

(2) Vallois: *Les voies romaines*, ibid., p. 82.

(3) Feuilles 122 et 134.

(4) Cartier Saint-René: *M. Pajonnet, curé d'Allichamps, et le duc de Charost* (Mém. Soc. Antiq. du Centre, t. VI, p. 283).

C'est là, au carrefour des Trois-Voies, qu'était placée la borne milliaire découverte en 1758, qui donne la distance des trois premières stations de chacune des voies : Avaricum à 14 lieues, Mediolanum à 12 et Néris à 25 (1).

Après Allichamps la voie de Néris continuait en longeant la rive droite du Cher, mais ses traces sont peu sensibles et n'ont pas du reste été étudiées en particulier : on peut toutefois jalonner à peu près son parcours. Ainsi, Pajonnet mentionne son passage au ruisseau de la Grange-Bernon, Baraillon, à travers les bois qui sont au-dessus de Noirlac ; M. Mallard la montre traversant Saint-Amand par les rues des Trois-Perdrix, du Petit-Voujon et du Vieux-Pavé (2), puis, en suivant d'abord l'emplacement aujourd'hui occupé par la route nationale n° 144 (3), ensuite par le chemin vicinal de Saint-Amand à Drevant, aboutissant enfin au nord du théâtre de Drevant, où Hazé signale le bon état de conservation dans lequel elle était encore de son temps (4).

Au-delà de Drevant la difficulté augmente, parce que non seulement on n'a plus aucun renseignement positif sur son parcours, mais qu'il s'agit, en outre,

(1) Caylus : ibid., t. III, p. 371. B. de Kersers : *Épigraphie romaine dans le département du Cher.* (Mém. Soc. Antiq. du Centre, t. IV, p. 122).

(2) *Histoire des deux villes de Saint-Amand et du château de Montrond,* p. 120.

(3) Bouillet : *Promenade archéologique de Clermont à Bourges,* p. 41. Haignière : *Itinéraire étymologique de Saint-Amand à Bourges, par un amateur d'antiquités.*

(4) *Notices pittoresques sur les antiquités et les monuments du Berry,* p. 5.

de concilier la distance réelle avec la distance de 25
lieues, inscrite sur le milliaire d'Allichamps, distance
qui est trop faible d'environ 4 kilomètres (1). Baraillon, qui de son temps avait pu faire des constatations
qu'il est impossible de renouveler aujourd'hui, faisait
passer la voie sur la rive gauche du Cher en amont
de Drevant jusqu'à Montluçon, où, après s'être réu-
nie aux voies de Châteaumeillant et d'Ahun, elle traversait encore une fois la rivière et se dirigeait sur
Néris (2). Ce tracé avait l'avantage de raccourcir
la distance d'environ 2 kilomètres, motif qui l'avait
fait adopter par Walkenaer (3).

On trouve dans Cassini une indication qu'on peut
invoquer à l'appui de cette opinion. On voit, en effet,
à côté de la nouvelle route, figurer sur ses cartes un
chemin allant de Bourges à Saint-Amand par Levet
et Allichamps, qui est précisément celui dont parlait
Baraillon, c'est-à-dire, la voie romaine ; aucun doute
d'ailleurs n'est possible à cet égard, car il porte cette
double désignation : *Chemin de Saint-Amand* et
*Chaussée de Jules César*. Or, entre Allichamps, Saint-
Amand et Drevant, le tracé de ce chemin sur la
carte est exactement celui qui a été proposé plus
haut, traverse, après Drevant, le Cher, suit la rive
gauche jusqu'à Urçay, et à cet endroit revient sur
la rive droite jusqu'à Montluçon. On peut donc croire
que ce chemin, qui, au nord de Saint-Amand, était
une ancienne voie romaine, avait également au sud

(1) Il y a près de 64 kilomètres, et 25 lieues gauloises de
2.415 mètres ne font que 60,375 mètres.
(2) *Recherches sur les ruines*, etc., p. 85.
(3) *Géogr. des Gaules*, t. III, Itinéraire, 187.
(4) Feuilles n° 10, H, 11 et n° 11, H, 12.

de la ville le même caractère, et que, par conséquent, ancien chemin et voie romaine se confondaient, sauf, peut-être, en ce qui concerne la détermination de l'endroit où, traversant une seconde fois le fleuve, ils retournaient sur la rive droite.

Toutefois si on n'admet pas avec Baraillon et Walkenaer que la voie soit restée sur la rive gauche jusqu'à Montluçon, Urçay paraîtra mal placé pour être son point de passage et Vallon-en-Sully semblera mieux convenir. Il y a en effet ici une circonstance d'une importance décisive que l'on ne saurait oublier, c'est l'existence de la voie de Châteaumeillant par Saint-Christophe, qui aboutissait au Cher justement à Vallon. Si cette voie ne traversait pas la rivière, il fallait qu'elle rencontrât sur la rive gauche la voie d'Allichamps à Néris pour se réunir à elle, et par conséquent cette dernière voie ne passait pas le Cher à Urçay, mais continuait sur le même bord au moins jusqu'à Vallon. Si au contraire la voie de Châteaumeillant franchissait le Cher pour rejoindre la voie de Néris, on trouvera peut-être les passages d'Urçay et de Vallon bien rapprochés l'un de l'autre, et par suite leur coexistence peu probable. Il semble donc que Vallon devrait être préféré à Urçay et lui être substitué comme point de passage.

Peut-être enfin faudrait-il admettre avec Tudot (1) que si la voie principale restait sur la rive gauche, il y avait également sur la rive droite une voie secondaire destinée à desservir les nombreuses localités antiques qui se trouvaient de ce côté.

(1) Ibid., p. 6.

### VOIE D'AVARICUM A MEDIOLANUM (CHATEAUMEILLANT)

Cette voie, une des moins bien connues du réseau biturige, est, sauf dans le commencement de son parcours, entièrement à découvrir. Ce qui augmente la difficulté, c'est encore l'insuffisance manifeste du chiffre porté sur le milliaire pour la distance entre Allichamps et Châteaumeillant, XII lieues, c'est-à-dire 29 kilomètres alors que la distance réelle, mesurée aussi directement que possible et presque à vol d'oiseau, atteindrait au moins 30 kilomètres.

La voie de Châteaumeillant, après avoir quitté celle de Néris, traversait le Cher à Bruère sur un pont dont les vestiges sont encore visibles aux basses eaux (1), et suivait la direction du chemin de grande communication, n° 3, à Culan, à Bruère et Bigny, avec lequel elle se confond, laissant parfois apercevoir sur les côtés de la nouvelle route quelques parties de la chaussée antique. Elle passait ainsi à Farges, qu'elle délimitait de Vallenay, et arrivait à la route de Saint-Amand à Lignières, où s'arrêtent les renseignements positifs : au-delà il y a le doute le plus complet. On propose deux tracés, mais aucun n'est établi sur des bases certaines.

D'après un premier tracé, la voie aurait continué à suivre la route de Bruère à Culan : elle séparait les communes d'Orcenais et de Marçais, traverserait les

(1) Baraillon : *Recherches sur les ruines*, etc., n° 18. — Martinet : *Le Berry préhistorique* (Mém. Soc. hist. du Cher, 3ᵉ série, t. II, p. 131).

Guignards et le village de Marçais, franchissait l'Arnon près du Grand-Villeneuve , passait à la Motte, près d'Ardenais, aux Maricots, à proximité de Montalan, qui possède de nombreux vestiges antiques, et, pénétrant dans la commune de Reigny, rejoignait à la Loge-des-Lacs la voie romaine de Châteaumeillant à Vallon. Ce tracé a le grave inconvénient de n'être pas direct, car en allant aboutir à la voie de Vallon, la distance véritable atteindrait XV lieues, quand les XII portées sur la borne d'Allichamps sont déjà au-dessous de la réalité.

Cette question de distance suffit pour faire écarter une variante qui l'augmenterait encore. M. de Kersers signale aux Bonnefonds et à la Planche, dans la commune de Loye, l'existence d'empierrements, et au pont de Graveux, sur l'Arnon, celle d'un vieux pont appelé Pont romain, qui lui paraissent appartenir à une voie romaine (1). Cela est possible, mais ces vestiges ne sauraient concerner la voie de Châteaumeillant, il faudrait les appliquer à une autre voie, venant de Drevant peut-être, qui est complètement à étudier.

Un second tracé satisferait davantage à la nécessité d'une marche très directe, mais il n'a été suggéré que par le simple examen des cartes, sans aucune vérification sur le terrain. Au croisement de la route de Saint-Amand à Lignières, la voie, au lieu de continuer à suivre la route de Bruère à Culan, prendrait un chemin communal qui s'en détache à l'ouest et conduit à l'ancienne chapelle de Souage, puis un chemin

(1) *Statistique monum.*, etc., canton de Saulzais-le-Pottier, p. 199.

rural qui, détail qui a son intérêt dans la circonstance, sert de séparation aux communes de Morlac et
de Marçais, pénètre sur le territoire de Saint-Pierre-
des-Bois, passe à Mésaudon, près de Bigny, et arrive
au Châtelet. Du Châtelet à Châteaumeillant il y a deux
chemins, presque aussi directs l'un que l'autre, et que
la voie a pu également suivre : le chemin de grande
communication n° 3, de Boussac à Levet, ou le chemin
communal passant aux Archers et à Saint-Jeanvrin.
La voie ne dépasserait par les XII lieues marquées sur
la borne milliaire d'Allichamps, si elle suivait ce
tracé, qui mérite pour ce motif d'appeler sérieusement l'attention des archéologues berruyers.

## VOIE DE MÉDIOLANUM A VALLON-EN-SULLY.

Quatre et peut-être cinq autres voies se réunis-
saient à Châteaumeillant, dont on a déjà indiqué
l'importance comme centre voyer dans le réseau
biturige : la voie de Vallon-en-Sully, la voie de
Néris, la voie d'Argenton, la voie d'Ahun et la voie
de Prœtorium, routes diverses sur lesquelles M. Ché-
non a réuni d'intéressants renseignements (1).

La voie de Vallon-en-Sully est figurée sur la carte
de l'État-major jusqu'à Saint-Christophe, par une
double ligne de points (2); de Saint-Christophe à
Vallon elle était si bien conservée en 1840, que l'on

(1) *Notice historique sur Châteaumeillant*, ibid., p. 14, et
*Notes archéologiques sur Châteaumeillant et ses environs*,
ibid., p. 82.
(2) Feuille n° 145 et carte du Cher de Leudière de Longchamp.

adressait au Ministre des Travaux publics une demande
pour que l'on y fit quelques réparations qui devaient
suffire pour la mettre en bon état de viabilité (1).

Toute trace de la voie a disparu près de Châteaumeillant ; elle ne devient visible qu'au vieux pont de
la Maladrerie sur le ruisseau de Sept-Fonds. D'abord
à droite de la route nationale n° 143, elle passait à sa
gauche en face du chemin de Grammont, enfin, à partir du château de Besse, elle se confondait avec le chemin de grande communication n° 62, de Châteaumeillant à Urçay, croisait à la Loge-des-Lacs, près de Reigny, la route de Bruère à Culan, que l'on a indiquée
précédemment comme suivant peut-être le tracé de
l'ancienne voie de Bourges à Châteaumeillant, franchissait l'Arnon près de Saint-Christophe, qu'elle
traversait également. Après Saint-Christophe, la voie
séparait les communes de Saint-Christophe et de
Saulzais-le-Potier de celle de Vesdun (2), et rencontrait à la Bouchatte le chemin de grande communication n° 64, de Saint-Amand, à Vallon et selon toute
vraisemblance se confondait avec lui : c'est le chemin
dont on demandait en 1840 l'établissement sur la voie
romaine. A Vallon, cette voie devait se réunir,
comme on l'a vu, à la voie d'Allichamps à Néris, dont
le passage sur l'autre rive du Cher à quelques lieues
seulement en aval, au lieu de continuer jusqu'à Vallon, ne s'expliquerait pas.

La voie de Châteaumeillant s'arrêtait-elle sur les
bords du Cher, ou allait-elle plus loin, de l'autre côté

(1) Archives, Soc. hist. du Cher : lettre du 27 mars 1840,
adressée au comte Jaubert, ministre des Travaux publics.

(2) Ce tracé est adopté par M. de Kersers : *Statist. Mon.* Canton de Saulzais-le-Potier : carte.

du fleuve? Tudot (1) et M. Chenon (2), avec une variante qu'il faudrait étudier de près en ce qui concerne le premier, seraient de cet avis. Si cette voie conservait sur la rive droite l'orientation est-sudest, qu'elle avait de l'autre côté du Cher depuis Frapon, elle aboutirait directement à l'endroit où l'on place la problématique cité de Cordes. On a signalé à *la Perrière*, près de Châteloy, et dans les bois de Soulange (3), sans déterminer exactement leur direction, des parties de voie romaine qui pourraient appartenir à un prolongement de la voie de Châteaumeillant-Vallon et Cordes sur Bourbon-l'Archambault ou Saint-Pourçain.

## VOIE DE LIMONUM (POITIERS) A AUGUSTONEMETUM (CLERMONT-FERRAND) PAR ARGENTOMAGUM (ARGENTON), MEDIOLANUM (CHATEAUMEILLANT) ET AQUÆ NERI (NÉRIS).

Cette voie est portée sur la Table Théodosienne, c'était, par conséquent, la plus importante de celles qui aboutissaient à Châteaumeillant. Elle a été sérieusement étudiée, mais plutôt du côté de Poitiers, du Blanc et d'Argenton (4). M. Chenon est le premier

(1) Ibid., p. 6.
(2) *Notice hist. sur Châteaumeillant* : v. la carte.
(3) Caylus : ibid., t. III, p. ; *Anciens Bourbonnais*, t. II, p. 234. Dans la commune de Maillet (Allier), près d'Hérisson, on trouve une localité portant le nom de *la Chaussée*.
(4) M. de la Tremblais : *Les voies romaines dans les environs du Blanc et d'Argenton.* — M. Lenseigne : *Rapport sur les voies romaines dans les environs d'Argenton*, ouvr. cités.

qui se soit occupé de la partie voisine de Châteaumeillant.

Il résulte de sa reconnaissance qu'après la Châtre
la voie longeait à petite distance la route nationale
n° 143, d'abord à gauche, à partir du chemin de
Lacs, puis à droite, en face des Feuillets; à gauche
encore entre les communes de Montlevic et de la
Motte-Feuilly, puis entre celles de Néret et de Cham-
pillet. Elle entrait sur le territoire de Néret, passant
près de Thary, du Gessé et de la Grange, arrivait à
la limite des départements de l'Indre et du Cher, où
elle se perdait dans les vignes; M. Chenon suppose
qu'elle aboutissait à l'ancienne porte de la Châtre,
à Châteaumeillant.

A l'ouest de Châteaumeillant, on se trouve, comme
pour la voie de Vallon, en présence d'une disparition
complète de tout vestige. Il est probable que la voie
de Néris se détachait de celle de Vallon, au pont de
la Maladrerie, traversant les vignes d'Argout et de
la Filaine, formait la limite entre les communes de
Saint-Maur et de Saint-Saturnin, entre lesquelles
M. Chenon en a relevé un tronçon, aujourd'hui
détruit, sur une longueur de 3 kilomètres, gagnait de
là, la rivière de l'Arnon par le chemin du Ponciau et
franchissait cette rivière près du camp de Sidialles,
tracé purement hypothétique, qu'aucune découverte
n'a encore confirmé.

Dans le département de l'Allier on possède, sur le
parcours de la voie, des renseignements suffisants
pour la jalonner, mais non pour constituer une étude
complète. Dans la commune de Viplaix (1), on a

---

(1) Baraillon, *Recherches sur l'ancienne ville de Néris*, n° 90.

trouvé ses traces aux Fosses, à Augère et dans la brande d'Armelle, à la Chapelande, où existait un pont que l'on croit antique (1), à Montluçon, où, comme cela a déjà été dit, elle se réunissait aux voies de Bourges par Drevant et la rive gauche du Cher et à celle d'Ahun (2).

La question des distances soulève ici de nouvelles difficultés : le chiffre porté sur la Table Théodosienne pour Argenton et Châteaumeillant est de 28 lieues, quand il suffirait de 23, par contre celui de 12 lieues, marqué pour Châteaumeillant et Néris, est notoirement insuffisant, il faudrait 20 lieues. Pour trancher la question, la Commission de topographie des Gaules avait tout simplement proposé de placer Mediolanum à Culan. Il y aurait bien des objections à faire à cette ingénieuse idée : les unes sont tirées du nom de *Mediolanum*, Castrum Mediolanum qui est resté à Châteaumeillant jusqu'au moyen âge, tandis que Culan ne s'est jamais appelé que *Culencum*, les autres de la rencontre continuelle de vestiges romains à Châteaumeillant et de leur absence complète à Culan. Il y a du reste un argument péremptoire que fournit l'étude des voies romaines de la région : Châteaumeillant est le point de rencontre de nombreuses voies, tandis qu'il n'en passe aucune à Culan et que même certaines, comme la voie de Château-meillant à Vallon, l'évitent d'une façon manifeste : l'identification de Mediolanum avec Châteaumeillant ne saurait donc faire doute.

(1) *L'Ancien Bourbonnais*, t. II, p. 269, Tudot, *ibid.*, p. 6.
(2) Baraillon, *ibid.*, n° 124.

## VOIE DE MÉDIOLANUM A TULLUM (TOULX) ET A ACITODUNUM (AHUN).

Au dire de Baraillon (1), il y aurait eu entre Châteaumeillant et Toulx (2), un ancien chemin gaulois bien caractérisé par son étroitesse et ses sinuosités, chemin tortueux, pavé de très grosses pierres, à peine large de trois mètres, que les Romains auraient ensuite utilisé sans le redresser et le refaire. Raynal, qui admet l'existence de ce chemin, le prolonge jusqu'à Ahun, l'ancien *Acitodunum*, situé sur la voie de Lyon à Limoges par Prœtorium (3). Bien que Baraillon ait affirmé que ce chemin était très reconnaissable en beaucoup d'endroits, aucun autre archéologue n'en a depuis constaté l'existence, et M. Chenon, aux patientes investigations duquel peu de vestiges antiques ont échappé autour de Châteaumeillant, n'a pu en relever aucune trace (4).

## VOIE DE MÉDIOLANUM A PRŒTORIUM.

Sans en avoir d'ailleurs rencontré aucun indice certain, M. Chenon (5) serait disposé à considérer

(1) *Recherches sur les ruines de l'ancien Berry*, nos 52 et 86. *Recherches sur les monuments celtiques de Toulx*, no 50.
(2) Département de la Creuse, canton de Boussac.
(3) T. I, p. 97 et 101.
(4) *Notice hist. sur Châteaumeillant*, p. 27.
(5) *Notes arch. sur les environs de Châteaumeillant*, 3e série, p. 114 (Mém. Ant. Centre, t. X).

comme probable l'existence d'une voie de communication spéciale, entre Châteaumeillant et Prœtorium, qu'il place à Bridiers, avec M. Élie de Beaufort,
ce qui eût constitué pour aller à Limoges une route
bien plus directe qu'en passant par Toulx et Ahun;
il signale divers points gallo-romains, c'est son ex-
pression, qui pouvaient se trouver sur le passage
de la voie : dans l'Indre, près de Notre-Dame-de-Pouligny, et dans la Creuse, près de Mecesne, Chambon-
Sainte-Croix, la Celle-Dunoise, pour rejoindre la
voie d'Argenton à Limoges par Celon et Saint-Aignan-
de-Versillac, reconnue par M. Lenseigne (1). M. Chenon fait remarquer que les Sarrazins suivirent sans
doute cette voie, au commencement du VIIIᵉ siècle,
lorsqu'ils envahirent la Bourgogne et assiégèrent
Sens. C'est à cette circonstance et à une occupation
momentanée des bandes musulmanes, que le camp
romain de la commune de Notre-Dame-de-Pouligny
devrait son nom de Fossés-Sarrazins.

TRONÇONS DE VOIES A MORLAC ET A INEUIL.

Il est difficile d'admettre que la région étendue
comprise entre la voie de Bourges à Châteaumeillant,
celle de Châteaumeillant à Argenton, et enfin la voie
de Bourges à Argenton, n'ait pas été traversée par
des routes intermédiaires les reliant entre elles, mais
le peu de renseignements que l'on possède à cet égard
ne permet guère d'entrevoir ce qui existait à l'époque
romaine.

(1) *Ibid.*, p. 290 et 292. La Tremblais. *Ibid.*, p. 316 et s.

Ainsi, Pajonnet mentionne une chaussée antique qui passait dans la forêt de Bois-d'Habert, et qu'on ne saurait rattacher, bien que ce soit son avis, à la voie de Châteaumeillant, dont le tracé le plus occidental laisse encore la forêt bien à l'ouest (1). On a également reconnu près de l'ancien étang de Villiers, à 1,500 mètres d'Ineuil, un tronçon de 40 mètres de longueur paraissant se diriger de Châteauneuf au Châtelet, et non loin de là, à 160 mètres d'Ineuil, une autre portion de chaussée allant vers Lignières (2).

Il n'est donc pas facile de concilier des indications aussi opposées et aussi vagues. Peut-être, cependant, pourrait-on se demander si ces diverses portions de chaussée n'appartiendraient pas à une voie qui, se détachant de la voie de Bourges à Châteaumeillant entre Farges et Morlac, aurait traversé la forêt de Bois-d'Habert, passé à Ineuil, longé l'étang de Villiers, gagné la vallée de l'Arnon, qu'elle aurait suivie jusqu'à Saint-Ambroix, pour y rejoindre la voie de Bourges à Argenton et Poitiers, par Saint-Ambroix, non loin de l'endroit où la voie venant du pays des Turones par Levroux, et Issoudun y aboutissait également (3). On aurait eu ainsi une grande voie transversale de l'ouest à l'est passant au centre du pays biturige par Levroux, Issoudun, Saint-Ambroix,

(1) Cartier-Saint-René : *Ibid.*, p. 289.

(2) Bull. de la Com. hist. du Cher, n<sup>os</sup> 1 et 2.

(3) Guillard : *Les voies rom. dans l'arrondissement d'Issoudun.* M. Guillard n'a conduit cette voie que jusqu'à Levroux. Sa continuation se trouve marquée sur la carte de l'État-Major, n° 121, où l'on voit, sur le territoire des communes de Villegouin, Préaux et Saint-Médard, un chemin orienté de l'est à l'ouest avec cette désignation : *Chemin de César.*

Allichamps et Bourbon-l'Archambault, comme il y
en avait une autre au sud par le Blanc, Argenton,
Châteaumeillant et Néris, puis une troisième plus
au nord par Thésée, Chabris, Bourges et Sancoins.
On verra aussi plus loin que l'on peut supposer qu'une
voie venant de Vierzon et passant à Lury, en suivant
la rive droite de l'Arnon, arrivait également à Saint-
Ambroix.

### VOIE D'AVARICUM A LIMONUM (POITIERS).

Cette voie, encore connue de nos jours sous le nom
de Levée ou de Chaussée de César, est portée sur
l'Itinéraire d'Antonin comme faisant partie de la
grande voie qui mettait en communication Bordeaux
et Autun, et sur la Table de Peutinger, comme une
section de la voie d'Avaricum à Burdigala (Bordeaux)
par Augustoritum (Limoges) et Vesunna (Péri-
gueux) (1). Les cartes de l'État-major donnent son
tracé presque en entier (2), et de nombreuses études,
la font connaître d'une façon très complète ; on peut
donc restreindre beaucoup les explications qui la
concernent.

La voie, comme on l'a déjà dit, sortait de Bourges
par la Porte Auronoise et se séparait à la Croix-
Moultjoie des voies de Châteaumeillant-Néris et de
Tours. Il n'en reste plus trace dans la banlieue, mais
M. Vallois, par des remarques ingénieuses (3), a dé-

---

(1) Desjardins : *ibid.*, p. 67 et 146.
(2) Feuilles nᵒˢ 122, 134, 133, 144 et 132.
(3) Vallois : *Les voies rom. d'Avaricum*, p. 69.

montré qu'aussitôt après le passage de l'Auron, elle prenait la droite de la route nationale n° 151 et continuait directement jusqu'aux Vallées, séparait ensuite les communes de la Chapelle-Saint-Ursin et de Morthomiers de celle de Subdray, puis celles de Villeneuve et de Saint-Florent, entrait sur le territoire de cette dernière commune et passait le Cher à Saint-Florent même. La voie coupait alors la route nationale n° 151 qu'elle laissait à sa droite, pénétrait successivement sur les communes de Civray et de Saint-Ambroix, où elle est confondue avec le chemin de grande communication n° 84 de Saint-Florent à Issoudun.

Arrivée là, la voie franchissait l'Arnon, passait à Arnaise, où semble avoir été le centre de la station romaine d'*Ernodurum*, au Carroir d'Airain, d'où se détachait la voie d'Issoudun et de Levroux (*Gabatum*) (1). Elle quittait alors le département du Cher pour entrer sur celui de l'Indre, se dirigeait sur Brives, Ardentes, l'ancienne *Alerta* de la Table de Peutinger, et sur Argenton.

La distance entre Bourges et la station d'Ernodurum est l'occasion d'une nouvelle difficulté par suite du désaccord qui existe entre la distance réelle et le chiffre de l'Itinéraire d'Antonin. D'après ce document, la distance serait de 13 lieues, ce qui, avec des lieues de 2,415 mètres, ferait plus de 31 kilomètres, tandis que la distance réelle entre Bourges et Arnaise, où se trouvait Ernodurum, n'est que de 28,700 à 28,800 mètres. Peut-être, dans ce cas spécial, s'est-on servi des lieues gauloises modifiées par

(1) Guillard : *ibid.*, p. 321.

les Romains, qui n'étaient que de 2,222 mètres, et
non des lieues gauloises nationales, qui étaient celles
de 2,415 mètres : on arriverait ainsi à 28,886 mètres,
ce qui serait satisfaisant comme concordance. Il faut
ajouter qu'il y a bien des exemples, notamment dans
l'Itinéraire d'Antonin, de l'emploi par les voyers romains, indifféremment de lieues gauloises primitives,
de lieues nouvelles, et même de milles romains.

## VOIE D'AVARICUM A CÆSARODUNUM (TOURS) PAR GABRIS (CHABRIS) ET TASCIACA (THÉSÉE).

La voie de Tours, aussi importante que la voie de
Poitiers, établie dans une région offrant la plus grande
analogie, notamment comme terrain et comme
genre de culture, et, à en juger par les parties qui en
ont été retrouvées, construite dans d'égales conditions de solidité, est loin d'être aussi bien conservée
ou, pour parler plus exactement, d'être aussi apparente : en effet, presque partout ses traces ont disparu, non qu'elles aient été l'objet d'une destruction
générale, mais parce qu'elles sont littéralement ca-
chées sous terre, à des profondeurs qui varient et
atteignent parfois jusqu'à 80 centimètres. Il est difficile de déterminer la cause d'une pareille différence
qui explique l'ignorance dans laquelle on était à son
égard : son existence n'était pas mise en doute,
puisqu'elle était mentionnée dans la Table Théodosienne, mais son tracé était entièrement perdu.
Raynal avait cependant, sans l'appuyer d'aucun
fait positif, indiqué dans sa carte du pays biturige un

parcours assez exact. Le peu que l'on savait sur ce point se trouve fidèlement résumé dans le Bulletin de la Commission historique du Cher(1) : « La septième « voie se dirigeait à l'ouest, de Bourges à Tours, par « Lury, en traversant la commune de Marmagne, « où sa trace est apparente. Les documents statis- « tiques de la préfecture du Cher mentionnent en « la commune de Foecy une voie romaine de Bourges « à Tours. Cette trace s'écarterait beaucoup de la « ligne de Lury qui devait se prolonger par Graçay « et sur le département de l'Indre par Chabris, « Selles-sur-Cher et Saint-Aignan. Il faudrait vérifier « ces directions et étudier cette voie la plus incom- « plète de toutes ». Grâce à MM. Guillard (2) et Vallois (3) cette situation s'est sérieusement modifiée, mais bien des lacunes subsistent encore.

La voie de Tours, sortie de Bourges par la porte Auronoise, se séparait des autres voies du midi à la Croix-Moultjoie et prenait sa direction vers l'ouest. Elle était d'abord recouverte par le chemin de grande communication n° 16, de Bourges à Charost, s'en détachait à la Grange-Miton, continuait au milieu des vignes des Danjons, où elle se présente encore avec un remblai de un mètre de hauteur continuant à porter dans le pays le nom de Chaussée de César. Elle servait en suite de limite, aux communes de Bourges et de Marmagne d'une part, et à celle de la Chapelle-Saint-Ursin d'une autre, passait à la petite maison de Luet, où commençait la voie de Vierzon, et poursuivait

(1) Bull. n° 1, p. 18.
(2) Ibid., p. 306.
(3) *Les Voies rom. d'Avaricum*, p. 73.

confondue probablement avec le chemin de grande
communication n° 23, de Bourges à Reuilly (1).

De Luet à Cerbois il existe une première lacune,
pendant laquelle on ne connaît aucune trace positive
de la voie, mais seulement quelques indications jalon-
nant son passage. En amont du pont de Sainte-Thorette, on a constaté la présence dans le lit du Cher des
piles d'un ancien pont, auquel on accédait par une
pente très rapide, servant sans doute au passage de la
voie ; plus loin, on rencontre le Tureau-Saint-Mar-
tin (2), enfin près de Lury-les-Tureaux, noms qui
annoncent la présence de la voie.

La voie arrivait ainsi à la vallée de l'Arnon, un
peu en amont de Lury et au-dessous du moulin de
Charasse. M. Tausserat, qui, le premier a signalé ces
vestiges, indique qu'entre Cerbois et la vallée, il
existait un empierrement, reste d'une ancienne voie,
puis dans la pente du coteau une tranchée fort raide
pour la descente de la voie, ensuite dans la rivière,
les culées d'un ancien pont, enfin dans la prairie une
chaussée où s'ouvraient quatre arcades en pierre pour
l'écoulement des grandes eaux, le tout se continuant
en ligne droite. Cette série d'ouvrages considérés
par les habitants comme ayant une origine antique,
étaient déjà regardés comme tels au XIII° siècle, à en
juger par un titre de 1252, cité par M. Tausserat,
qui les qualifie de *Calceœ antiquœ*, dénomination
fréquemment appliquée aux voies romaines.

(1) Vallois : *ibid.*, p. 72.
(2) Tausserat : *Vierzon et ses environs*, p. 90. *Chroniques de
la Châtellenie de Lury*, p. 76 (Mém. Soc. hist. du Cher, 3° série, t. I).

M. Vallois a contesté que les arcades, aujourd'hui
détruites, eussent l'aspect des travaux faits par les
Romains, et même, il s'est demandé s'il ne s'agissait
pas d'ouvrages postérieurs à leur époque, éta-
blis au moment de la construction des moulins à eau
pour aider à leur fonctionnement. Il est bien pos
sible que des travaux de réparation, comme M. Tausserat en signale en 1552, effectués sans le moindre
souci du style archéologique, aient notablement
altéré l'aspect primitif des ponceaux de la chaussée, mais qu'importe, ces ponceaux ne sont pas
les seuls à considérer, ce qu'il faut considérer, c'est
l'ensemble des ouvrages retrouvés dans la vallée de
l'Arnon pour en déterminer le caractère. Il est indé-
niable qu'une série d'ouvrages se composant d'un tronçon de route, d'une tranchée dans un talus, d'un pont
sur une rivière, puis d'une chaussée en remblai dans
une prairie, surtout avec des ouvertures pour laisser
écouler l'eau, ne peuvent être d'aucune utilité pour le
fonctionnement d'un moulin et pour retenir l'eau qui
lui est nécessaire, tandis qu'ils se comprennent à merveille pour assurer les communications à travers une
vallée fréquemment inondée, c'est-à-dire, comme dé-
pendance d'une voie ou d'une route. Quant à supposer qu'un tel travail, qui est, pour lui donner son
véritable nom, un travail important de voirie, puisse
être l'œuvre des Mérovingiens, des Carolingiens ou
des premiers Capétiens, c'est chose impossible, et
puisque ces ouvrages existaient au XIII<sup>e</sup> siècle, il
est hors de doute qu'il ne faille en faire remonter
l'exécution aux Romains.

Après la traversée de la vallée de l'Arnon, une
nouvelle lacune se produit, et on ne retrouve la voie

qu'à *la Chaussée*, dans la commune de Nohant-en-
Graçay, où M. Gaillard a commencé la reconnaissance qu'il a heureusement conduite jusqu'à Chabris.

Il faut signaler, toutefois, dans la commune de
Saint-Pierre-de-Jars, entre Chéry et Nohant, une
localité appelée le Tureau de Bel-Air, qui se trouve
justement dans la direction probable de la voie.

De la Chaussée, la voie gagnait Graçay, puis se
confondait avec le chemin de grande communication
n° 83, d'Issoudun à Romorantin, ancien chemin de
Graçay à Villefranche, jusqu'à la limite du département de l'Indre. Elle passait ensuite à Anjoin, au
Pont-des-Places, dans le taillis de la Roche, à la
Malardière (commune de Dun-le-Poëlier), suivait dé-
sormais la rive droite du Fouzon, touchait à Colom-
miers, à Glatigny, et arrivait enfin à Chabris, important carrefour de voies où se rencontraient la
voie de Limoges par Argenton, celle de Poitiers par
Leblanc, enfin la voie d'Orléans.

Il faut encore, en passant, noter le désaccord
existant entre le chiffre de la Table Théodosienne, qui
est 24 lieues (1), et la distance réelle, qui est de 65
kilomètres: il faudrait donc 27 lieues. La Commission de Topographie des Gaules a proposé de recti-
fier purement et simplement le chiffre porté et d'ins-
crire celui de 27; au contraire, M. Vallois, ayant
remarqué que Luet, où se séparaient les voies de
Tours et de Vierzon, était situé à trois lieues gauloises de Bourges, a eu l'idée de ne compter la distance
pour la voie de Tours qu'à partir de la bifurcation,
ce qui donnait exactement le chiffre de la Table, soit

_______

(1) Desjardins : *ibid.*, p. 144.

34 lieues ; pour avoir les 27 lieues de la distance réelle, il n'y avait donc plus qu'à ajouter les 3 lieues de Bourges à Luet, explication très séduisante qui a bien des chances pour être vraie.

### VOIE D'AVARICUM A VIRZIO PAR LA RIVE GAUCHE DE L'YÈVRE.

Cette voie était bien connue, puisqu'elle est partout apparente et que son tracé figure sur la carte de l'État-major (1), mais il y avait deux lacunes, le départ de Bourges, commun avec la voie de Tours, et l'arrivée à Vierzon. On vient de voir que M. Vallois avait fait disparaître la première de ces lacunes ; de son côté, M. Tausserat a apporté des renseignements qui amènent la suppression de la dernière (2).

Après avoir quitté la voie de Tours à la petite maison de Luet, la voie de Vierzon longeait le chemin de grande communication n° 23, de Bourges à Reuilly, sur le territoire de la commune de Marmagne, passait près de Saint-Aubin, où sa chaussée atteignait deux mètres de relief, délimitait les communes de Marmagne et de Sainte-Thorette, traversait ensuite celle de Méhun, puis celle de Forcy, où elle était si parfaitement conservée que l'on proposait d'y poser les rails du chemin de fer de Bourges à Vierzon (3).

La voie arrivait alors dans le bois d'Yèvre, où

(1) Feuille n° 122.
(2) *Vierzon et ses environs*, p. 77 et s.
(3) Annuaire du Berry, année 1842, p. 79.

ses traces ont entièrement disparu par suite du défrichement du bois, et aussi des nombreux travaux effectués de ce côté. Béchereau donne dans ses mémoires des indications suffisantes sur le parcours de la voie: elle passait près de la Motte-d'en-bas, du Rondeau-d'en-haut, de la Touche et entrait à Vierzon du côté de l'église (1).

On doit remarquer combien était favorisée et bien percée de routes, la région entre Bourges et Vierzon, puisque l'on vient de décrire la troisième voie établie entre ces deux villes. Il faut même ajouter que l'on pouvait, pour se rendre de l'une de ces deux villes dans l'autre, prendre une quatrième route, celle de Tours, avec laquelle Vierzon paraît avoir eu plusieurs voies de communication.

## VOIES ENTRE LE CHÉR ET VOIE DE TOURS
### A BOURGES.

On signale dans toute cette région divers tronçons de voies insuffisamment étudiées, qui paraissent avoir appartenu à des routes différentes et qui attestent l'existence d'un réseau très développé.

M. Vallois a constaté au nord de Lury, parallèlement à l'Arnon, et se dirigeant en droite ligne sur les ponts de Vierzon, la présence d'une ancienne chaussée aujourd'hui recouverte par le chemin de grande communication n° 18, de Vierzon à Lignières traversant en remblai toutes les vallées. C'était

(1) *Les voies rom.*, p. 75.

une des Chaussées antiques dont parle l'acte de 1252, qui faisait sans doute partie d'une voie partant de Vierzon et allant soit à Issoudun, soit plutôt à Saint-Ambroix où elle était continuée par la voie d'Ineuil (1).

A 7 à 800 mètres au sud de Massay, on a découvert lors de la construction du chemin vicinal n° 2 de Massay à Saint-Pierre-de-Jars, un tronçon de voie romaine se dirigeant du nord au sud, qui se rattacherait peut-être à une voie allant de Graçay à Vierzon (2).

En poursuivant ses recherches sur la voirie romaine dans l'arrondissement d'Issoudun, M. Guillard a mis au jour un commencement de voie partant de Graçay et se dirigeant sur Genouilly ou sur le *Motton* de Genouilly, sans recueillir des données suffisantes pour dire s'il continuait ensuite sur Vierzon, ce qui paraît assez vraisemblable, ou sur une autre localité riveraine du Cher, Menetou ou Châtres (Castrum) (3).

Enfin, au point même où la voie de Tours quittait le département du Cher, pour entrer sur celui de l'Indre, à 700 mètres au nord de Graçay, M. Guillard a reconnu un autre embranchement qui se dirigeait sur Saint-Julien et Villefranche (4).

### VOIE VERS LUNERY.

Entre la voie d'Allichamps et celle de Poitiers il existe un espace vide, deux fois plus considérable

(1) *Les voies romaines,* p. 75.

(2) Vestiges relevés par M. Sauvaget, agent voyer à Graçay, et communiqués par M. Legrand, agent voyer en chef du département.

(3) Ibid., p. 315.

(4) Ibid., p. 314.

qu'entre les voies de Poitiers et de Tours, et M. Vallois se demandait, s'il n'y aurait pas eu là une autre
voie dont aucun vestige n'a encore été découvert (1).
Il émet la supposition qu'un des longs chemins ruraux
qui occupent cet intervalle, serait peut-être une ancienne voie et il signale celui de Lunery, qui délimite
les communes de Bourges, Trouy et du Subdray, et
porte sur le cadastre de Bourges, le nom de Tureau-
Saint-Martin. Ce serait à cette voie qu'aurait appartenu le milliaire de Trouy, dont le véritable emplacement a donné lieu à des controverses, résultant sans
doute de ce que l'on cherchait trop loin sa place pri-
mitive.

En terminant cette longue revue des voies construites par les Romains dans la partie orientale du
pays des Bituriges, certaines observations se pré-
sentent à l'esprit. En regardant la carte du réseau
de ces voies, on est frappé de leur inégale répartition
sur le territoire de la cité, à une époque où il n'y
avait pas de questions d'industrie amenant sur certains points un développement exceptionnel de la
voirie. Que l'on compare, en effet, le grand nombre
de routes dont on constate l'existence dans le voisinage de Sancerre, de Châteaumeillant et surtout dans
la région comprise entre Bourges, Vierzon et Chabris
avec l'absence presque complète de moyens de communication qui se remarque sur d'autres points de la
province : entre la Loire et la voie d'Orléans par
exemple, entre la Loire et Bourges également ou bien
encore dans le triangle formé par Bourges, Argenton et Châteaumeillant. Pourquoi cette différence ?

(1) *Voies rom.*, p. 81 et 84.

Comment expliquer un réseau si mal conçu, un partage de routes si mal fait entre les différentes parties du territoire ?

On peut croire que, selon toute vraisemblance, cette inégalité qui surprend aujourd'hui , n'existait pas dans la réalité, que les vides que l'on constate sur la carte des voies romaines du département du Cher, dressée d'après les connaissances archéologiques actuelles, ne se rencontraient pas dans l'œuvre des Romains. Quoiqu'il en soit, on voit maintenant clairement où sont les vides, qui proviennent sans aucun doute de recherches incomplètes : c'est donc là que doivent se porter avant tout les investigations des chercheurs berruyers. Si l'on peut admettre certaines inégalités dans la répartition des voies de communication des différentes régions, ces inégalités ne pouvaient pas être aussi marquées qu'elles nous apparaissent aujourd'hui.

Pour les voies incomplètement étudiées, où des lacunes, des questions controversées subsistent encore, pour celles dont l'existence résulte seulement de probabilités, sans qu'aucun vestige en ait encore été découvert, les problèmes se trouvent aujourd'hui posés, grâce à la revue générale à laquelle il vient d'être procédé ici, avec une netteté et une précision qui rendront les recherches plus commodes et faciliteront ainsi leur succès.

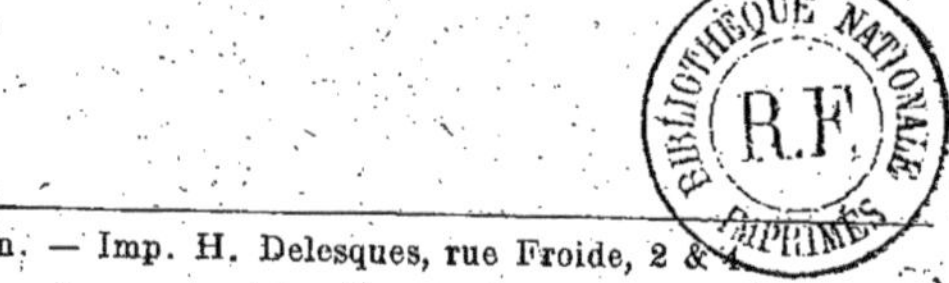

Caen. — Imp. H. Delesques, rue Froide, 2 & 4.